KB184184

오케스트라가 궁금해

오케스트라에 관한 모든 것

메리 올드 글 · 엘리사 파가넬리 그림 · 사이먼 래틀 집필 참여
이주현 옮김 · 권수미 감수

음악을 나누는 삶은 아름다워

저는 열 살 때 머지사이드 유스 오케스트라(Merseyside Youth Orchestra)에서 타악기를 연주했어요. 그 시절에 악기를 연주하면서 난생처음 느꼈던 놀랍고도 짜릿했던 감정은 아직까지도 기억에 생생하게 남아 있어요. 그때 저는 일찍이 깨달았지요. 내가 사랑하는 음악을 다른 사람들과 함께 만들고 나누는 데 있어서 심포니 오케스트라만큼 좋은 활동은 없다는 것을 말이에요.

이러한 이유로 《오케스트라가 궁금해》를 여러분에게 소개할 수 있게 되어 매우 기뻐요. 여러분은 이 책을 통해 오케스트라를 구성하는 악기를 알아볼 수 있는 것은 물론이고, 여러 악기가 어우러져 만들어 내는 아름다운 화음도 직접 들을 수 있어요. 쉽고 재미있는 설명과 친근하고 자세한 그림을 보면서 런던 심포니 오케스트라(London Symphony Orchestra, 이하 LSO)의 음악을 들으면 더욱 몰입할 수 있을 거예요. 매 장면마다 수록된 큐알 코드 속 음악을 들어 보고 각각의 악기가 내는 다양한 소리와 LSO의 풍성한 연주 목록을 확인해 보세요.

런던의 실력 있는 음악가들이 1904년에 창단한 이래 LSO는 누구에게든, 세계 어디서든 최고의 음악을 선사하겠다는 목표와 신념을 100년이 넘도록 변함없이 지켜 오고 있어요. 오늘날에도 전 세계 각 나라에서 모인 90여 명의 뛰어난 음악가들이 오케스트라를 직접 운영하고 있지요. 이 특별한 팀의 음악 감독이 된 것은 나에게 큰 영광이에요.

LSO의 소통 창구이자 교육 프로그램인 'LSO 디스커버리'는 LSO의 음악가들 모두가 특히 집중하고 있는 활동이에요. 음악을 접할 기회가 없었던 사람들을 대상으로 지역 사회에 직접 찾아가서 LSO를 알리고 LSO의 연주를 통해 많은 사람들과 음악으로 소통하는 것이 이 프로그램의 목표예요. 그래서 LSO 디스커버리는 정기적으로 음악 학교를 주최하고 가족 콘서트를 열어요. 《오케스트라가 궁금해》 역시 LSO의 음악을 보다 더 많은 사람들과 함께 나누기 위해 만들었어요. 이 책을 읽고 함께 수록된 연주곡을 들으면서 음악이 우리 삶에 어떤 마법 같은 일을 불러일으키는지 경험할 수 있기를 바라요.

사이먼 래틀(전 LSO 음악 감독)

Simon Rattle

* 사이먼 래틀은 영국을 대표하는 최고의 지휘자로서, 2017년부터 2023년까지 LSO에서 음악 감독을 지낸 명예 지휘자입니다. 음악 감독으로 지내는 동안 돋보이는 아이디어와 차별화된 기획력으로 수많은 콘서트를 지휘하며 LSO의 발전을 이끌어 왔습니다.

차례

들어 보아요

이 책에서 소개한 음악은 큐알 코드를 찍거나
www.lsolive.co.uk/howtobuildanorchestra
웹사이트에서 'HOWTO' 코드를 입력한 후
다운로드받아 들을 수 있습니다.

지휘자 사이먼

이 사람의 이름은 사이먼이에요.
사이먼은 음악을 좋아해요. 듣는 것도, 만드는 것도 좋아하지요.

사이먼은 혼자서 콧노래를 흥얼거리기도 하고, 노래를 부르기도 하고, 때때로 휘파람을 불기도 해요.
하지만 이렇게 혼자 음악을 즐기기보다는 여러 사람과 어울려 음악을 나누고 싶었어요.
그래서 지휘자가 되었지요.
지휘자란 오케스트라를 이끄는 사람이에요.

오케스트라는 각기 다른 악기를 다루는 여러 명의 연주자로 구성돼요. 사이먼과 같은 지휘자는 수많은 연주자가 박자에 맞추어 제때 음악을 연주하도록 통솔하는 역할을 하지요. 사이먼은 지휘봉으로 곡의 빠르기와 박자를 알려 주고, 음악을 어떻게 느껴야 하는지도 알려 주어요. 팔로, 몸으로, 그리고 표정으로도요.

우리가 즐기는 아름다운 음악은 이렇게 지휘자와 오케스트라 연주자가 함께 만들어 내는 것이랍니다.

들어 보아요

트랙 1: 멘델스존은 오케스트라 연주를 위해 교향곡 제4번 ≪이탈리아≫를 작곡했어요. 런던 심포니 오케스트라가 연주하는 제1악장을 들으며 지휘자가 된 것처럼 음악에 몸을 맡기고 손으로 연주해 보세요.

사이먼은 지금 악보를 들여다보고 있어요. 악보란 가로로 다섯 개의 줄을 그은 오선지에 음표와 일정한 기호로 음악을 기록한 책이에요. 악보를 읽을 줄 모르는 사람이 보면 난해한 그림 같지만 지휘자인 사이먼에게는 연주해야 할 곡에 대한 모든 정보가 담긴 책이라고 할 수 있지요.

악보를 쓰는 사람을 작곡가라고 해요. 작곡가는 머릿속에서 음악을 구상해 악보 위로 옮겨요. 연주자들은 악보를 보고 음악을 연주하지요. 수백 년에 걸쳐 수많은 사람이 다양한 음악을 작곡해 왔어요.

음악에는 이야기가 담겨 있어요.

슬퍼서 눈물 흘리게 만들고,

기쁨으로 미소 짓게 만들기도 해요.

흥겨워서 춤추게 만들기도 하지요.

그리고 차마 말로 표현할 수 없는 감정을 느끼게 해요.

트랙 2~6: 다섯 개의 곡을 듣고 그림 속 사이먼이 어떤 음악을 듣고 있을지 상상해 보세요.
그리고 50쪽에 있는 <큐알 코드에 담긴 음악 이야기>에서 각각의 곡명과 작곡가를 찾아 설명을 읽어 보세요.

사이먼은 아주 많은 악보를 읽어야 해요. 오케스트라를 구성하는 모든 악기가 언제 어떻게 연주해야 하는지 알아야 하니까요.
악보를 보고 있으면 사이먼은 머릿속에서 음악이 들리는 것 같아요.

콘서트에서 연주할 두 곡을 골랐어요. 앗, 그런데 문제가 있어요.
곡은 있는데 곡을 연주할 연주자들이 없네요.
오케스트라 단원을 모아야 해요.

두근두근 오디션

오케스트라를 꾸리려면 재능 있는 음악가들을 많이 찾아야 해요.
사이먼은 전 세계 각 나라의 연주자들에게 오디션을 알렸어요.
사이먼은 오디션에 참가한 연주자들의 연주를 하나하나 듣고 오케스트라 단원을 뽑을 거예요.

오디션을 진행하는 데는 시간이 꽤 걸려요. 큰 오케스트라에는 악기도, 연주자도 많이 필요하니까요. 사이먼이 준비한 두 곡을 연주하려면 연주자 84명이 필요해요.

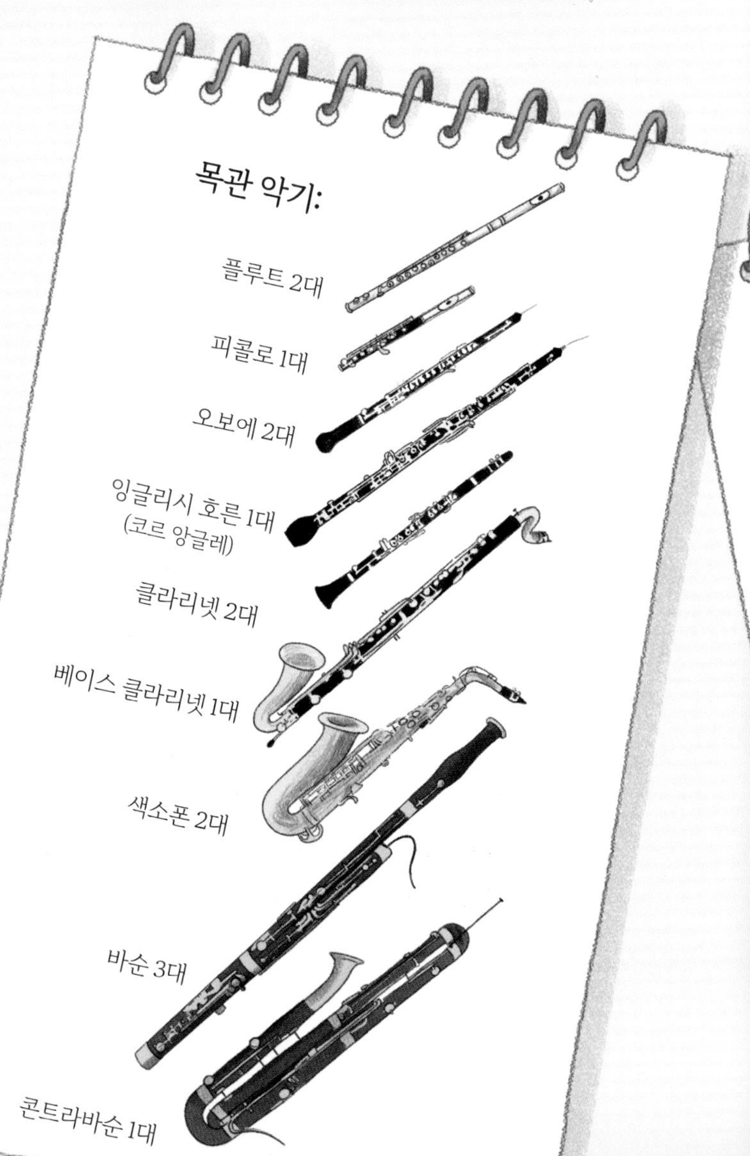

희망에 가득 찬 연주자들이 악기를 가지고 오디션장 앞에 줄을 서 있어요.
커다란 더블 베이스를 가져온 연주자도 있네요.

아름다운 멜로디를 담당하는 현악기

오디션이 시작되었어요. 사이먼은 오케스트라의 심장이라고 할 수 있는 현악기 오디션부터 진행해요.
현악기 부문에는 바이올린 · 비올라 · 첼로 · 더블 베이스 연주자가 필요해요.
현악기는 네 개의 줄(현)이 있고, 활이라고 불리는 막대기에 감긴 털로 줄을 문질러 소리를 내지요.

♯ 현악기는 두 가지 방법으로 연주할 수 있어요.

–줄을 활로 문질러 소리를 낼 수도 있고,

–줄을 손가락으로 퉁기는 피치카토 기법으로 소리를 낼 수도 있어요.

♯ 줄을 활로 문지르면 줄이 아주 빠르게 흔들리며 진동하는데, 이 진동으로 인해 소리가 나요. 속이 텅 빈 나무 몸통은 그 소리가 더 크게 울려 퍼지도록 하지요.

바이올린 연주자부터 오디션을 시작해요.
바이올린을 이끌 수석 단원으로 뽑힌 연주자는
모든 오케스트라 단원을 대표하는 악장의 역할도 할 거예요.

바이올린 오디션이 끝나고 사이먼이 선택한
수석 단원은 로만이에요. 로만은 곡을 무척 아름답게
연주하고 활을 다루는 기술도 뛰어나요.
로만은 사이먼을 도와 다른 바이올린 연주자들에게
활을 어떻게 사용할지, 또 곡을 어떻게 연주할지
알려 주는 역할을 할 거예요. 그리고 독주도
할 거예요.

들어 보아요

트랙 7: 림스키코르사코프가 작곡한 ≪셰에라자드≫
제1악장 <바다와 신드바드의 배>에는
오케스트라의 악장인 바이올린 연주자의 독주
부분이 있어요. 곡을 듣다 보면 마법 같은 이야기를
들려주는 셰에라자드 공주가 절로 떠오를 거예요.

사이먼은 로만의 도움을 받아 다른 바이올린 연주자를 뽑아요.
그리고 그들을 제1바이올린과 제2바이올린, 두 개의 그룹으로 나누지요.

바이올린은 현악기 중에서 크기는 가장 작지만 가장 높은음을 내요.
제1바이올린 연주자는 주된 멜로디를 연주하고, 제2바이올린 연주자는 낮은음으로 멜로디를 받쳐 주어 곡을 풍성하게 하지요.

현악기는 각각 다른 피치를 내요.
피치는 음의 높낮이를 말해요.

현악기는 손가락으로 줄을 누르며 음높이를 조절해요.
줄을 누르면 줄이 짧아지면서 더 빠르게 진동하기 때문에
소리가 높아지지요.

다른 방에서는 비올라 연주자들이 악기를 조율하고 있어요. 비올라는 바이올린보다 큰 악기로, 내는 소리도 훨씬 낮아요.
제2바이올린처럼 비올라도 멜로디에 어울리는 낮은음을 내며 멜로디를 더욱 돋보이게 하는 역할을 해요.
이렇게 여러 음들이 어울려 조화로운 소리를 내는 것을 하모니 또는 화음이라고 하지요.

곡에 따라 비올라가 주인공이 되어
멜로디를 담당할 때도 있어요.

들어 보아요

트랙 8: 바흐의 ≪무반주 바이올린을 위한 소나타와 파르티타≫ 제2번 D단조 제1악장 <알망드>는 곡명 그대로 바이올린곡이에요.
트랙 9: 베를리오즈의 ≪이탈리아의 해럴드≫ 제1악장 <산속의 해럴드>에는 비올라 독주 부분이 있어요.
트랙 10: 유명한 차이콥스키의 ≪호두까기 인형≫ 모음곡은 바이올린과 비올라의 아름다운 하모니로 시작돼요.

첼로 연주자들이 오디션을 볼 차례예요. 첼로는 현악기 중 두 번째로 큰 악기예요.
사이먼은 첼로 연주자가 연주하는 멜로디를 들으며 각각의 연주자가
아주 높은음과 아주 낮은음을 어떻게 연주하는지 알아보고 있어요.

작곡가는 첼로를 위한 협주곡을 작곡하기도 해요. 협주곡은 오케스트라 반주에 맞추어 하나의 악기가 중심이 되어 연주하는 곡을 뜻해요.

첼로 연주자는 의자에 앉아서 연주해요.

첼로는 연주하는 동안 움직이지 않도록 바닥에 엔드핀으로 고정해요.

연주자가 줄을 누를 때 손가락을 흔들어 줄에 진동을 주면 소리가 더 풍부해져요. 이 주법을 비브라토라고 해요.

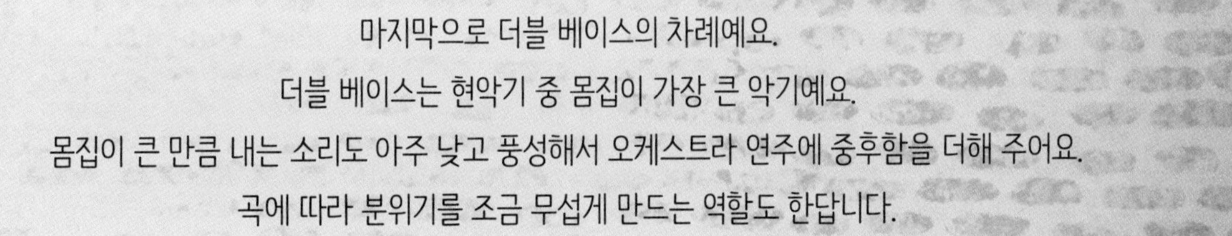

마지막으로 더블 베이스의 차례예요.
더블 베이스는 현악기 중 몸집이 가장 큰 악기예요.
몸집이 큰 만큼 내는 소리도 아주 낮고 풍성해서 오케스트라 연주에 중후함을 더해 주어요.
곡에 따라 분위기를 조금 무섭게 만드는 역할도 한답니다.

더블 베이스는 오케스트라 음악에서 하모니의
가장 낮은 부분인 저음부를 담당해요.

더블 베이스의 줄은
두껍고 무거워요.

더블 베이스의 활 또한
바이올린의 활보다
짧고 두꺼워요.

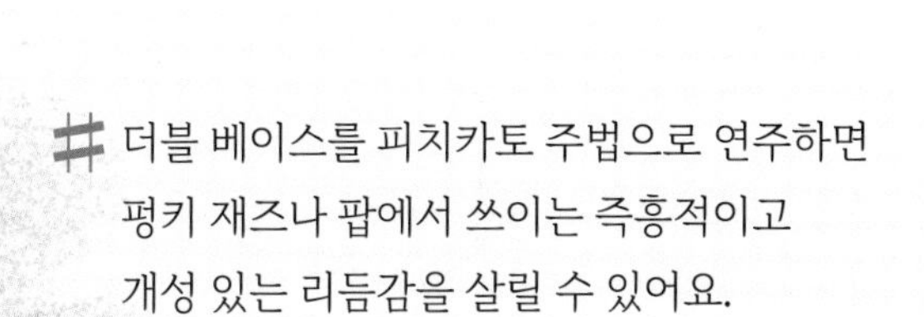

더블 베이스를 피치카토 주법으로 연주하면
펑키 재즈나 팝에서 쓰이는 즉흥적이고
개성 있는 리듬감을 살릴 수 있어요.

들어 보아요

트랙 11: 엘가의 첼로 협주곡 E단조 제1악장 <아다지오-모데라토>는
첼로의 아름다운 음색이 잘 드러나는 곡이에요.
트랙 12: 버르토크의 ≪현악을 위한 디베르티멘토≫ 속 더블 베이스의
중후한 둥둥 소리가 아주 인상적이에요.

부드러운 선율을 선보이는 목관 악기

현악기 오디션이 모두 끝났어요. 이제 사이먼은 오케스트라의 음악을 한층 풍성하게 만들어 줄 목관 악기 연주자를 뽑을 거예요. 목관 악기는 관을 입으로 불어서 소리를 내는 악기예요. 오케스트라의 주요 목관 악기로는 플루트 · 클라리넷 · 오보에 · 바순이 있어요. 이외에도 대가족으로 불릴 만큼 많은 목관 악기가 있지요.

♯ 예전에는 나무로 만들던 목관 악기를 오늘날에는 금속이나 플라스틱으로 만들어요.

♯ 목관 악기는 연주자가 원기둥 모양의 관에 입김을 불어 관 속의 공기를 진동시키면 소리가 나요.

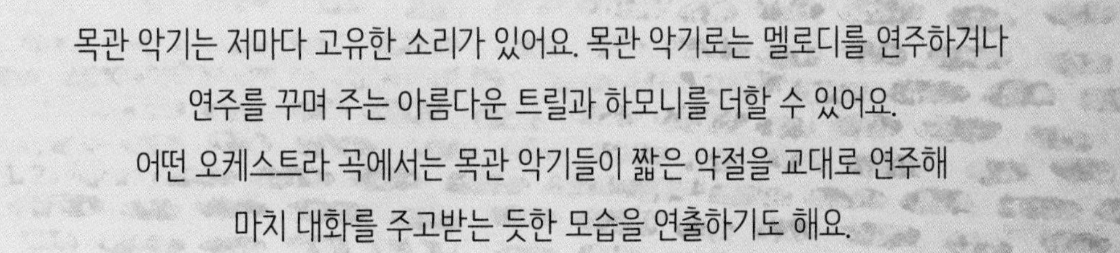

목관 악기는 저마다 고유한 소리가 있어요. 목관 악기로는 멜로디를 연주하거나
연주를 꾸며 주는 아름다운 트릴과 하모니를 더할 수 있어요.
어떤 오케스트라 곡에서는 목관 악기들이 짧은 악절을 교대로 연주해
마치 대화를 주고받는 듯한 모습을 연출하기도 해요.

연주자는 마우스피스 안으로 바람을 불어넣어 소리를 내요.

손가락으로 악기의 키를 누르거나 소리 구멍을 막는 방식으로 음을 바꿀 수 있어요.

들어 보아요

트랙 13: 모차르트의 세레나데 제10번 제7악장 피날레(마지막 악장)는 목관 악기 특유의 음률과 색채가 돋보이는 곡이에요. 1780년대에 작곡된 곡으로 당시에는 프렌치 호른이 목관 악기 군에 속해 있었지요. 플루트는 19세기에 들어서서 인기를 얻은 악기이기 때문에 이 곡에서는 찾아볼 수 없어요.

목관 악기 중 가장 먼저 오디션을 볼 악기는 플루트예요.
플루트 연주자는 마우스피스에 있는 구멍으로 공기를 불어넣어 소리를 내요.
플루트보다 크기가 작은 피콜로는 플루트의 친척이라고 할 수 있지요.
피콜로는 섬세하고 높은 소리로 특별한 효과를 내기도 해요.

♯ 플루트보다 짧고 작은 피콜로는 플루트보다 높은 소리를 내요.

♯ 플루트는 우리가 알고 있는 악기 중에서 가장 오래된 악기예요. 무려 4만 년 전에 살았던 매머드의 상아로 만든 플루트가 발견되기도 했어요. 물론 생김새는 지금의 플루트와 다른 리코더 모양이었어요.

클라리넷은 표현력이 풍부한 악기예요. 높은음으로는 맑고 빛나는 느낌을, 낮은음으로는 초콜릿처럼 부드러운 느낌을 표현하지요. 색소폰은 주로 재즈나 팝 같은 대중음악에서 연주되는 악기로, 클래식 오케스트라에서는 흔히 볼 수 없어요. 하지만 부드러운 멜로디, 강렬한 리듬, 경쾌한 하모니를 연출하는 데 색소폰만큼 잘 어울리는 악기는 없답니다.

클라리넷과 색소폰의 종류는 매우 다양해요. 하지만 두 악기 모두 리드 하나로 소리를 낸다는 공통점이 있지요.

들어 보아요

트랙 14: 드뷔시의 <목신의 오후에의 전주곡>은 플루트의 명랑하고 청아한 연주로 시작돼요.

트랙 15: 라흐마니노프의 교향곡 제2번 E단조 제3악장 <아다지오>에서 클라리넷은 마치 플루트처럼 낭만적인 느낌을 주지만 한층 깊은 소리를 내요. 11쪽의 트랙 3, 프로코피예프의 ≪로미오와 줄리엣≫ 모음곡 제13번 <기사들의 춤> 2분 57초에 나오는 색소폰 연주도 귀 기울여 들어 보세요.

마우스피스에 공기를 불어넣으면 리드가 떨리면서 소리를 내요.

마우스피스에는 커다란 갈대를 깎아 만든 리드가 고정되어 있어요.

클라리넷보다 큰 베이스 클라리넷은 낮고 깊은 음을 내어 곡에 풍성함을 더하는 역할을 해요.

오보에는 오케스트라의 수많은 악기 중에서 소리가 두드러지는 편이에요.
오보에가 내는 소리는 때로는 경쾌하게 들리고, 때로는 슬프게 들리기도 해요.
오보에보다 조금 더 큰 잉글리시 호른은 오보에보다 한층 더 낮은 소리를 내 더 무겁고 슬픈 분위기를 자아내지요.
오보에는 오케스트라에서 매우 중요한 역할을 해요. 오케스트라의 모든 악기가 오보에의 음에 맞추어 조율한답니다.

리드를 오보에에 끼우지 않고 그냥 불면 오리가 꽥꽥거리는 것 같은 소리가 나요.

오보에는 리드 두 개를 끈으로 묶어 만든 겹리드를 사용해요.

오보에와 바순 연주자들은 대부분 갈대를 쪼개고, 깎고, 다듬어 자신에게 맞는 리드를 직접 만들어요. 섬세함과 정성을 기울여야 하는 작업이지요.

목관 악기 오디션의 마지막 주인공은 바순과 콘트라바순이에요.
사이먼은 이 악기들이 내는 특유의 따뜻하고 깊은 음색을 좋아해요.
바순과 콘트라바순은 대개 곡의 저음부를 맡아요.

연주자가 공기를 불어넣으면 소리가 기다란 관의 아래까지 내려갔다 다시 올라오면서 아주 낮은 음을 만들어 내요.

바순 연주자는 금속으로 만든 얇은 관에 연결된 겹리드에 공기를 불어넣어 소리를 내요.

콘트라바순은 오케스트라 전체에서 가장 깊은 저음을 담당해요.

들어 보아요

트랙 16: 베를리오즈의 ≪환상≫ 교향곡 제3악장 <전원의 풍경>은 양치기의 대화로 시작해요. 오보에와 잉글리시 호른이 두 양치기가 되어 대화를 주고받지요.
트랙 17: 뒤카의 <마법사의 제자>는 빗자루에 마법을 잘못 거는 바람에 벌어진 소동을 그려 낸 교향시예요. 바순과 콘트라바순의 연주는 빗자루들의 우스꽝스러운 움직임을 표현하고 있어요.

풍성한 저음으로 무게를 잡아 주는 금관 악기

사이먼은 점점 설레어요.
현악기와 목관 악기의 연주자들이 정해졌으니 당장이라도 부드러운 멜로디와 절묘한 하모니를 만들어 낼 수 있으니까요.
그렇다면 이제 필요한 것은 약간의 긴장감이에요. 요란한 악기 소리도 필요하지요. 이제 금관 악기 연주자를 뽑을 차례군요!

금관 악기는 끝이 나팔 모양으로 된 긴 금속관이에요. 연주자가 악기를 조금 더 쉽게 들고 연주할 수 있도록 금속관이 둥글게 말려 있어요.

마우스피스 안으로 공기를 불어넣었을 때 나는 윙윙거리는 소리는 관을 타고 흘러가면서 더 크고 아름다운 소리로 바뀌어요.

입술을 마우스피스에 대고 떨며 공기를 조절하는 것을 버즈라고 해요. 연주자는 버즈로 소리를 조절하고, 밸브를 눌러 음을 바꾸기도 해요.

연주자는 위아래 입술을 마우스피스에 대고 움직여 소리를 내요. 마우스피스는 입으로 바람을 불어넣었을 때 소리가 나도록 관으로 연결해 주는 부분이에요.

금관 악기에는 트럼펫 · 프렌치 호른 · 트롬본 · 튜바가 있어요.
이 악기들은 말 그대로 금속으로 만들어졌어요.
목관 악기와 달리 리드가 없고, 연주자가 직접 입술을 떨어 소리를 내요.
금관 악기 특유의 묵직한 소리는 작곡가나 지휘자가 곡에서 위험과
어둠의 요소를 표현할 때 활용해요. 예를 들어 경고의 신호 또는
갑자기 들이닥친 폭풍우 등을 표현하기에 더없이 좋지요.
우울한 음이 콘서트장을 가득 채워야 할 때는 주로 금관 악기가 활약해요.

밸브를 누르면 구멍이 열려
공기가 지나는 관의 길이를
조절할 수 있어요. 이를 통해
음의 높낮이를 바꿀 수 있지요.

트롬본은 밸브 대신
슬라이드로 관의 길이를 조절해
음높이를 바꾸어요.

들어 보아요

트랙 18: 코플런드는 금관 악기와 타악기만을 사용해 <보통 사람을 위한 팡파르>를 작곡했어요. 팡파르란 극적인 등장이나 시작을 알리는 곡으로, 이 곡을 듣다 보면 마치 주인공이 된 듯한 기분을 느낄 수 있어요.

금관 악기 중 가장 먼저 오디션을 볼 악기는 프렌치 호른이에요.
프렌치 호른은 원래 사냥의 시작을 알리기 위해 사용되었어요.
지금은 영화에서 주인공이나 영웅이 등장할 때 자주 사용되지요.
사이먼은 프렌치 호른이 숲에 울려 퍼지는 것을 상상해요.

♯ 프렌치 호른 연주자는 입으로
버즈를 하면서 밸브를 누르거나
'벨'이라고 불리는 나팔 부분에
손을 넣어 음높이를 조절해요.

♯ 프렌치 호른의 둘둘 말린
금관을 모두 펴면 그 길이가
무려 3.75미터에 달해요.

트럼펫은 금관 악기 중 가장 높은음을 내요.
밝고 경쾌한 소리 때문에 오케스트라 단원의 주목을 끄는 데 사용되기도 하지요.
과거에는 군대에서 신호를 보내거나 전투의 시작 등을 알리는 데 쓰였다고 해요.

트럼펫의 크기는 다양해요. 크기가 작을수록 더 높은음을 연주할 수 있어요.

트럼펫 연주자가 다양한 조합으로 밸브를 누르면 음이 바뀌어요.

트럼펫의 관은 다른 금관 악기처럼 구부러져 있어요. 일반적인 트럼펫의 관을 일자로 쭉 펴면 약 1.5미터에 이른다고 해요.

들어 보아요

트랙 19: 스트라빈스키의 ≪불새≫ 모음곡 피날레는 프렌치 호른의 희망적인 독주로 시작돼요.

트랙 20: 말러의 교향곡 제5번 제1악장에서 프렌치 호른은 강렬한 소리로 청중의 귀를 사로잡지요.

이제는 트롬본 차례예요! 트롬본은 소리가 매우 커서
곡의 리듬감을 또렷이 살려 주어요. 흥겨움은 덤으로 누릴 수 있지요.
트롬본(trombone)이라는 단어는 큰 트럼펫을 뜻하는 이탈리아어에서 유래했어요.

마지막으로 튜바 연주자가 오디션을 보러 왔어요.
튜바는 금관 악기 중에서 가장 낮은 소리를 내는 악기예요.
그래서 다른 악기의 소리를 받쳐 주며 가장 낮게 깔려
중후하고 따뜻한 느낌을 주지요.

들어 보아요

트랙 21: 베를리오즈의 《환상》 교향곡 제5악장은 종으로 장례식을 알리며 시작돼요. 이어서 두 대의 튜바가 슬픈 멜로디를 연주하고 트롬본과 프렌치 호른의 연주가 이어져요. 베를리오즈는 금관 악기 특유의 어둡고 중후한 소리를 통해 슬프고도 으스스한 분위기를 연출했어요.

튜바의 구부러진 관을 일자로 펴면 길이가 무려 6미터에 달해요. 길이가 긴 만큼 낮고 깊은 소리가 나지요.

튜바 연주자는 앉은 자세에서 악기를 무릎에 세로로 올려놓고 연주해요. 튜바를 연주하려면 호흡량이 많아야 해요.

오케스트라에는 대개 튜바 한 대가 편성돼요.

소리와 모양이 다채로운 타악기

이게 무슨 일이지요? 오디션장이 소란스러워졌어요.
타악기 연주자들이 도착해 악기를 설치하고 있네요. 타악기는 때리거나 흔들거나 긁어서 소리를 내는 악기예요.
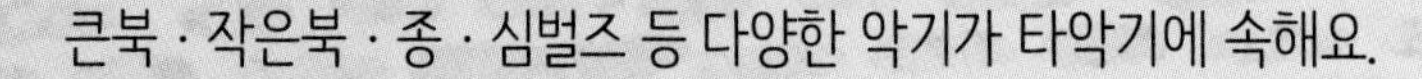
큰북 · 작은북 · 종 · 심벌즈 등 다양한 악기가 타악기에 속해요.

타악기 연주자는 현악기나 관악기 연주자처럼 악기 하나만 연주하는 것이 아니라 다양한 타악기를 다루어요.

실로폰과 같은 일부 타악기는 음정이 있고, 특정한 음을 연주할 수도 있어요. 그뿐 아니라 멜로디를 연주할 수 있는 타악기도 있지요.

음높이 없이 좋은 소리를 내는 타악기도 있어요. 오케스트라 휩이 바로 그런 악기예요.

대규모 오케스트라에는 보통 네 명의 타악기 연주자가 있어요.

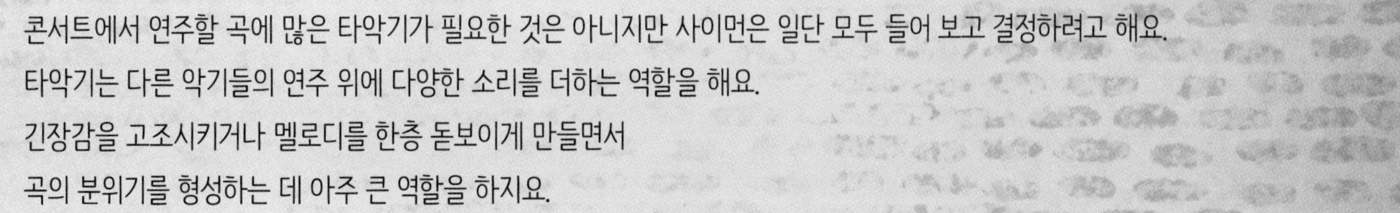

콘서트에서 연주할 곡에 많은 타악기가 필요한 것은 아니지만 사이먼은 일단 모두 들어 보고 결정하려고 해요.
타악기는 다른 악기들의 연주 위에 다양한 소리를 더하는 역할을 해요.
긴장감을 고조시키거나 멜로디를 한층 돋보이게 만들면서
곡의 분위기를 형성하는 데 아주 큰 역할을 하지요.

♯ 타악기는 곡의 리듬감을 아주 효과적으로 더해 주어요.

들어 보아요

트랙 22: 브리튼은 오케스트라에 얼마나 다양한 악기가 편성되어 있는지 보여 주기 위해 <청소년을 위한 관현악 입문>을 작곡했어요. 이 곡에는 팀파니, 큰북, 심벌즈, 탬버린, 트라이앵글, 작은북, 우드블록, 실로폰, 캐스터네츠, 탬탬, 오케스트라 휩을 비롯해 아주 다양한 타악기가 등장해요. 현악기의 연주 위로 들리는 타악기 소리에 귀 기울여 보세요. 특히 어떤 부분에서 오케스트라 휩이 사용되었는지 한번 맞혀 보세요.

드럼은 흥겨운 리듬을 표현하기에 아주 좋아요. 그래서 댄스 음악이나 군대의 행진에 많이 사용하지요.
오케스트라에서는 곡의 도입부를 열고, 곡의 흐름을 이끌어 가며, 절정에 다다르게 하는 역할을 하기도 해요.

들어 보아요

트랙 23: 쇼스타코비치의 교향곡 제5번은 웅장한 팀파니 소리로 시작돼요.
트랙 24: 베르디의 레퀴엠 제2번 <진노의 날>에서 쿵쾅거리는 큰북 소리는 진노의 날이 다가온다는 경고의 표현이에요.
트랙 25: 차이콥스키의 ≪호두까기 인형≫ 모음곡 제4번 <트레파크>에서 탬버린은 곡에 생기를 불어넣는 역할을 해요. 곡의 후반부에서는 작은북 소리도 들을 수 있어요.

드럼의 본체 양면은 가죽이나 플라스틱으로 만든 막으로 덮여 있어요.
타악기 연주자는 채나 손으로 그 막을 쳐서 소리를 내요.
드럼마다 제각기 소리는 다르지만 곡을 더욱 경쾌하게 하는 점은 모두 같아요.

탬버린은 손바닥으로 북면을 치거나 흔들어서 소리를 낼 수 있어요. 엄지손가락으로 짤랑거리는 징글을 훑으면 색다른 소리를 낼 수 있지요.

작은북(스네어 드럼)을 연주하면 아래쪽 북면에 걸쳐 있는 스네어(금속 울림줄)가 진동하며 찰가닥거리는 독특한 소리를 내요.

탬버린 테두리에는 징글이라고 부르는 얇은 금속 원반이 여러 개 달려 있어요. 드럼과 비슷하게 가죽으로 북면이 덮인 탬버린도 있어요.

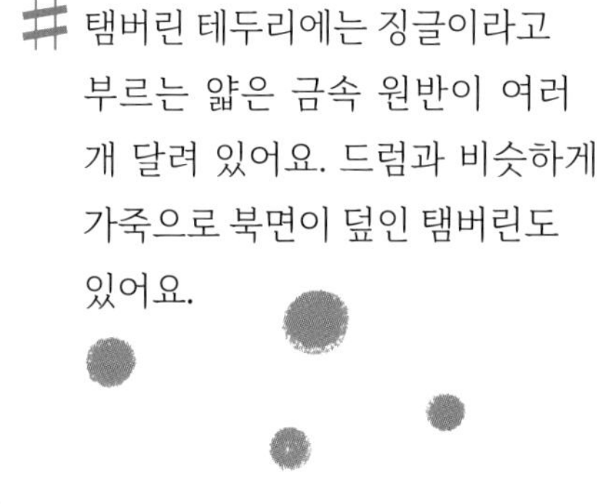

스네어를 끄면 조금 더 깊고 둔탁한 북 본래의 소리를 낼 수 있지요.

타악기 중 가장 큰 악기는 큰북(베이스 드럼)이에요. 부드러운 소리를 낼 수도 있지만 북면을 한 번 쿵 치면 청중의 시선을 단번에 사로잡을 수 있지요.

소리는 공기의 떨림, 즉 진동을 통해 전달돼요.
진동에 변화를 주면 소리도 달라지지요. 타악기는 소재나 모양, 크기에 따라
진동이 달라지기 때문에 각기 다른 소리를 낼 수 있어요.

심벌 하나를 스탠드 위에 설치한
서스펜디드 심벌은 채나 비터로
두드려 소리를 내요. 세게 칠수록
진동이 커지고, 소리도 커지지요.

탬탬은 금속으로 만든
아주 큰 원반형의
악기예요. 채 한쪽
끝에 펠트나 고무
등을 감은 비터로
쳐서 소리를 내요.

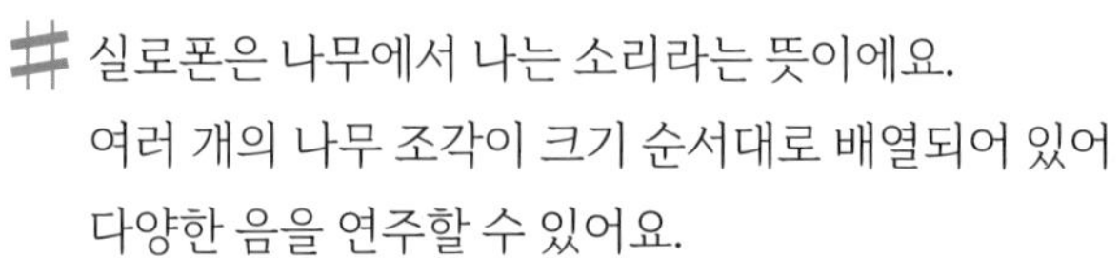

실로폰은 나무에서 나는 소리라는 뜻이에요.
여러 개의 나무 조각이 크기 순서대로 배열되어 있어
다양한 음을 연주할 수 있어요.

글로켄슈필은 실로폰과
비슷하게 생겼지만 조금
더 작고, 나무 조각 대신
금속 조각이 배열되어
있어요. 연주하면
맑은 종소리가 나요.

들어 보아요

트랙 26: 하차투리안의 <칼의 춤>에서는 실로폰 소리가 돋보여요. 심벌즈, 팀파니, 작은북 소리도 한번 찾아보세요!
트랙 27: 홀스트의 ≪행성≫ 제4악장 <목성>에서는 웅장한 관악기들 속에서도 탬버린과 글로켄슈필 소리가 또렷이 들려요.
트랙 28: 러시아가 나폴레옹과의 전쟁에서 승리한 것을 기념하기 위해 만든 음악인 <1812년 서곡>에서 차이콥스키는 튜블러 벨을 비롯한 다양한 타악기와 대포 소리를 사용했어요.

트라이앵글은 금속 막대를 정삼각형 모양으로 구부려 만든 악기예요. 한쪽 각에 끈을 매달고, 금속 막대로 살짝 두드려 소리를 내요.

조개껍데기 모양의 캐스터네츠를 손으로 치면 딱딱 소리가 나요. 오케스트라에서는 캐스터네츠 두 개를 나무판에 붙여 고정한 머신 캐스터네츠를 주로 사용해요.

튜블러 벨은 속이 텅 빈 둥근 금속관이 여러 개 배열되어 있는 악기예요. 금속관을 채로 두드리면 길이에 따라 음이 달라져요.

드디어 완성된 오케스트라

드디어 오디션이 거의 끝나 가요.
사이먼과 로만은 이제 몇 가지를 결정해야 해요. 몇몇 연주자에게는 다시 연주를 들려 달라고 요청해요.
그런데 아직 연주를 들어 보지 못한 악기가 있네요. 지금까지 다루었던 악기군에는 속하지 않는 악기들이에요.

우리가 아는 아름다운 피아노 소리는 피아노 몸체 안에 있는 망치가 줄을 때리면서 내는 소리예요. 피아노 연주자가 건반을 누르면 건반마다 연결된 하나하나의 망치가 줄을 때리는데, 이때 생긴 진동이 울리며 크고 아름다운 소리로 들리는 것이랍니다.

피아노에는 보통 88개의 건반이 있어요. 건반마다 각기 다른 망치가 연결되어 있기 때문에 88개의 다른 음을 연주할 수 있지요.

건반 여러 개를 한 번에 누르면 다양한 음을 동시에 낼 수 있기 때문에 피아노는 멜로디를 연주하면서 화음도 쌓고, 리듬도 탈 수 있어요.

건반 악기인 첼레스타는
대개 피아노 연주자가 연주해요.

첼레스타 건반과 연결된 망치가 금속판을 치면
글로켄슈필과 비슷한 맑은 소리가 나지요.

하프 연주자가 줄을 퉁기면
신비롭고 아름다운 소리가 나요.

47개의 줄은 저마다
다른 음을 내요.

하프는 47개의 줄이 있는
현악기이지만 활은 없어요.

하프 아래쪽에는 7개의 페달이 있어서
연주자는 페달을 밟으며 음높이를 바꿀 수 있어요.

들어 보아요

트랙 29: 버르토크의 피아노 협주곡 제3번 제1악장에서 피아노와 다른 악기들의 연주가 어떻게 다른지 들어 보세요.
트랙 30: 차이콥스키의 ≪호두까기 인형≫ 모음곡 중 <사탕 요정의 춤>에서 연주된 첼레스타는 신비로운 사탕 요정을 떠올리게 해요.
트랙 31: 베를리오즈의 ≪환상≫ 교향곡 제2악장 도입부에서 들리는 하프 소리가 다른 현악기들과 얼마나 다른지 집중해서 들어 보세요.

사이먼은 오케스트라를 채울
악기와 연주자가 적힌 목록을 다시 확인해요.
리코더나 기타, 거대한 드럼 세트도 있다면 좋았겠지만
다음에도 기회가 있으니 아쉬움은 뒤로하고
이제 콘서트에서 연주할 곡을 연습할 차례예요.

거듭되는 연습, 리허설

오케스트라 연주자들이 모두 한자리에 모였어요. 훌륭한 오케스트라가 되려면 함께 연습하는 시간이 필요해요. 축구 선수들이 모여서 경기를 위해 연습하는 것처럼 말이에요. 리허설은 연주자들이 연주할 곡에 대해 배우고, 서로의 연주 방식을 익히고, 또 오케스트라의 대장이라고 할 수 있는 지휘자에 대해서도 알아 가는 시간이에요.

♯ 연습 곡은 작은북의 연주로 시작되어요. 악기들이 멜로디를 연주하는 동안에도 작은북의 강렬한 리듬은 끊임없이 이어지지요.

사이먼은 콘서트에서 연주할 두 곡을 골랐어요. 첫 번째로 연주할 곡은 라벨의 〈볼레로〉예요.
치밀하게 계산된 박자에 맞추어 소리를 차곡차곡 쌓아 올리며 극적인 절정을 만들어 가는 매우 강렬한 곡이지요.
1928년에 만든 발레 음악을 들으며 거침없는 리듬에 맞추어 춤추는 발레리나의 모습을 상상해 보세요.

악기가 더해질수록 소리가 점점 더 크게 울려 퍼져요. 악기들은 사이먼의 신호에 맞추어 정확하게 연주를 시작해야 해요.

사이먼은 작곡가인 라벨이 지정한 대로, 연주가 빨라지지 않고 처음부터 끝까지 같은 빠르기를 지킬 수 있도록 지휘해요.

들어 보아요

트랙 32: 라벨의 <볼레로> 도입 부분에서는 작은북의 리듬에 맞추어 낮게 깔린 비올라와 첼로 소리에 플루트의 멜로디가 더해집니다.

이제 두 번째 곡, 베토벤의 교향곡 제6번 《전원》을 연습할 차례예요.
《전원》 교향곡은 베토벤이 직접 각 악장에 제목을 붙여 자신이 느낀 감정을 이야기하고 있는데,
오케스트라 곡에서 이런 시도를 한 것은 처음이라고 할 수 있어요.
다섯 개의 악장으로 이루어진 《전원》 교향곡은 〈볼레로〉와는 느낌이 완전히 다른 곡이에요.
〈볼레로〉보다 무려 120년이나 앞선 1808년에 작곡되었는데,
이때는 〈볼레로〉에 등장하는 색소폰을 비롯한 몇몇 악기는 만들어지지도 않았어요.

《전원》 교향곡 제1악장은 〈시골에 도착해 느낀 즐거운 감정〉을 표현하고 있어요. 자, 오케스트라도 산책을 떠나 볼까요?

베토벤은 제2악장에 〈시냇가의 풍경〉이라는 제목을 붙였어요. 현악기가 사이먼의 손짓에 따라 잔잔하게 흐르는 시냇물의 느낌을 표현해요.

마지막에는 목관 악기가 새가 지저귀는 소리를 연주해요.
플루트는 나이팅게일, 오보에는 메추라기,
클라리넷은 뻐꾸기 소리를 내지요.

제3악장에서는 〈시골 사람들의 즐거운 모임〉이 펼쳐져요.

첼로와 더블 베이스의 도움을 받은 금관 악기는 시골 음악대가 되어 연주해요. 사이먼은 손짓으로 정확한 리듬을 알려 주지요.

그러나 흥겨운 음악이 갑작스럽게 끝나며 제4악장 〈천둥과 폭풍우〉가 시작돼요.
짧은 바이올린 음은 빗소리가 되고, 팀파니와 더블 베이스는 우르르 쾅쾅 치는 천둥소리를 실감나게 표현해요.

바이올린과 팀파니는 번개가 번쩍이는 소리를 묘사하지요.

마지막 제5악장에서는 베토벤이 〈목동의 노래, 폭풍이 지나간 뒤의 기쁨과 감사하는 마음〉이라고 제목을 붙인 것처럼 차분한 분위기로 돌아와요.

현악기는 다시 제1악장처럼 부드럽게 연주하지요.

사이먼은 기도와 평화의 분위기를 표현하기 위해 연주자들이 천천히 연주하도록 지휘하며 곡을 마무리해요.

들어 보아요

베토벤의 교향곡 제6번 ≪전원≫의 다섯 개 악장을 조금씩 들어 보세요.

트랙 33: 오보에가 현악기의 멜로디를 이어받아요.
트랙 34: 목관 악기들이 내는 새소리를 들어 보세요.
트랙 35: 음악대가 연주하고 있어요.
트랙 36: 갑자기 천둥과 번개 소리가 들려요!
트랙 37: 폭풍이 지나간 것에 감사하는 평화로운 분위기로 곡은 마무리돼요.

대망의 콘서트

마침내 콘서트가 열리는 날이에요. 콘서트장을 가득 메운 청중은
무대에 오르는 오케스트라 연주자들을 설레는 마음으로 지켜보고 있어요.
오보에가 연주한 음에 맞추어 악기들을 조율하느라 잠시 소란스러웠던 무대가 곧 잠잠해져요.
악장 로만이 무대에 오르고 뒤이어 사이먼이 지휘단에 서자 큰 박수가 쏟아져요.
콘서트장은 이내 조용해지고 콘서트의 막이 올라요.

사이먼이 지휘봉을 들어 올려요.

작은북이 연주를 시작하자
곧이어 첼로와 비올라도 따라와요.

비올라 연주자는 기타처럼 비올라를
옆으로 들고 피치카토로 연주해요.

플루트가 멜로디를 연주하고
클라리넷이 이어받아요.

이제 바순이 다음 멜로디를
연주해요.

하프가 첼로와 비올라의 연주에
화음을 더해요.

작은북은 쉬지 않고
연주를 계속하고 있어요.

E플랫 클라리넷, 오보에
그리고 다시 플루트로 바뀌며
멜로디를 이어 연주해요.

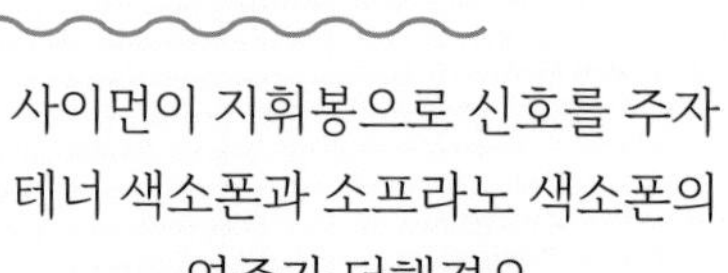

사이먼이 지휘봉으로 신호를 주자
테너 색소폰과 소프라노 색소폰의
연주가 더해져요.

이제 모든 현악기가 피치카토로 저음부를
연주하고 있어요. 소리도 점점 커지지요.

피콜로, 프렌치 호른, 첼레스타의
멜로디 연주에 청중이 완전히 빠져든 것 같아요.

오보에와 클라리넷이 뒤를 따르고,
트롬본이 미끄러지듯 들어와요.

사이먼은 같은 빠르기로 연주할 수 있도록
지휘해요.

로만과 제1바이올린이
멜로디를 연주해요.

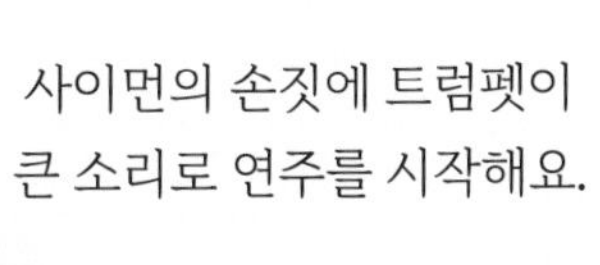

사이먼의 손짓에 트럼펫이
큰 소리로 연주를 시작해요.

목관 악기와 바이올린이 다시 멜로디를 이어받고,
팀파니는 중후한 소리로 받쳐 주지요.

이제 오케스트라의 악기가 모두 다 같이 연주해요.
그러다 조옮김을 하며 놀라운 반전을 더하지요.

모든 악기 소리가 더해지며
폭발할듯 강렬했던 연주는
갑자기 멈추며 끝이 났어요.
청중에게서 박수가
터져 나왔어요.

들어 보아요

트랙 38: <볼레로>를 다운받아 44~45쪽의
그림을 보면서 처음부터 끝까지 감상해 보세요.

마지막 곡은 베토벤의 《전원》 교향곡이에요. 힘들게 연습한 보람이 있어요.
사이먼의 바람대로 오케스트라를 통해 청중과 좋아하는 음악을 나누고 있으니 말이에요.
청중은 음악의 세계에 푹 빠져들 거예요. 이렇게 멋진 음악을 듣고 있으니까요.

들어 보아요

트랙 39~43: 베토벤의 교향곡 제6번 F장조 ≪전원≫의 길이는 총 42분이에요. 악장 하나씩 천천히 즐겨 보세요.

사이먼은 청중을 향해 허리를 굽혀 인사했어요.
그런 다음 잠시 눈을 감고 쏟아지는 박수갈채를 즐겼어요.
정말 행복해요! 사이먼과 오케스트라 연주자들은
힘을 합쳐 아름답고 멋진 음악을 선물했어요.
다음 콘서트가 벌써부터 기다려져요.

심포니 오케스트라 배치도

런던 심포니 오케스트라와 같은 대형 심포니 오케스트라의
주요 악기와 연주자의 배치도를 그림으로 나타냈어요.
연주하는 곡에 따라 편성되는 악기의 종류와 수는 달라져요.
〈볼레로〉와 《전원》 교향곡 역시
연주에 필요한 악기와 연주자가 다르지요.

트롬본
바순
튜바
트럼펫
오보에
비올라
첼로
더블 베이스
지휘자

큐알 코드에 담긴 음악 이야기

트랙 1: 멘델스존(1809-1847)의 교향곡 제4번 《이탈리아》 A장조 제1악장 〈알레그로 비바체〉
1833년에 초연된 곡으로 멘델스존이 이탈리아를 방문했을 때 영감을 받아 작곡했어요. 이탈리아의 다채롭고 기쁨 넘치는 분위기를 담아낸 곡으로 멘델스존은 이 곡을 두고 "내가 쓴 곡 중 가장 유쾌한 곡이 될 것이다."라고 말했어요.

트랙 2: 시벨리우스(1865-1957)의 〈투오넬라의 백조〉
이 아름다운 교향시를 들으면 자신도 모르게 눈물을 짓게 될지도 몰라요. 눈을 감고 들으면 무서운 마법의 왕국을 헤엄치는 백조의 모습이 떠올라요.

트랙 3: 프로코피예프(1891-1953)의 《로미오와 줄리엣》 모음곡 제13번 〈기사들의 춤〉
결투를 앞두고 무도회에서 춤을 추는 기사들의 이야기를 담고 있어 '기사들의 춤'으로 불려요. 원래 셰익스피어의 희곡 〈로미오와 줄리엣〉을 원작으로 한 1938년 발레 공연에 포함된 곡이었어요.

트랙 4: 라벨(1875-1937)의 《다프니스와 클로에》 제2모음곡 제1번 〈해돋이〉
새벽 일출의 마법 같은 느낌을 발레 곡에 담아냈어요. 플루트와 하프, 피콜로 등이 안개가 걷히며 떠오르는 태양을 묘사해요.

트랙 5: 브루벡(1920-2012)의 〈언스퀘어 댄스〉
1961년 작곡된 유명한 재즈곡으로 4분의 7박자라는 정형적이지 않고 매우 특이한 박자의 곡이에요. 음악에 맞추어 춤을 추면서 박자를 세어 보세요. 쉽지 않을걸요?

트랙 6: 요한 슈트라우스 2세(1825-1899)의 〈트리치 트라치 폴카〉
빠른 템포의 경쾌한 이 곡을 듣다 보면 저절로 미소가 지어져요. 곡의 제목은 사람들이 얼마나 뒷담화를 좋아하는지를 의미해요. 슈트라우스는 500곡 이상의 왈츠와 폴카를 작곡했어요.

트랙 7: 림스키코르사코프(1844-1908)의 《셰에라자드》 제1악장 〈바다와 신드바드의 배〉
총 네 악장으로 구성된 이 모음곡은 설화집 《천일야화》를 바탕으로 만들어졌어요.

트랙 8: 바흐(1685-1750)의 《무반주 바이올린을 위한 소나타와 파르티타》 제2번 D단조 제1악장 〈알망드〉
많은 사람이 바이올린 독주곡 중 가장 아름다운 곡으로 꼽는 작품이에요.

트랙 9: 베를리오즈(1803-1869)의 《이탈리아의 해럴드》 제1악장 〈산속의 해럴드〉
천재 바이올리니스트 니콜로 파가니니(1782-1840)가 새로운 비올라의 아름다운 선율을 뽐내기 위해 작곡을 의뢰한 곡이에요.

트랙 10: 차이콥스키(1840-1893)의 《호두까기 인형》 모음곡 중 〈작은 서곡〉
1892년 발레 공연의 오케스트라 오프닝 곡으로 가볍고 경쾌해 발레와 무척 잘 어울려요.

트랙 11: 엘가(1857-1934)의 첼로 협주곡 E단조 제1악장 〈아다지오-모데라토〉
제1차 세계대전이 끝난 직후인 1919년에 작곡된 이 곡은 LSO에 의해 최초로 연주되었어요. 전쟁의 슬픔을 고스란히 담아낸 곡이에요.

트랙 12: 버르토크(1881-1945)의 《현악을 위한 디베르티멘토》 제1악장 〈알레그로 마 논 트로포〉
헝가리 작곡가인 버르토크는 17세기 바로크 음악의 영향을 받아 1939년 이 곡을 작곡했어요. 작곡 당시 '과거에서 온 음악가'가 된 듯한 느낌을 받았다고 말했어요.

트랙 13: 모차르트(1756-1791)의 세레나데 제10번 또는 《그랑 파르티타》 제7악장 피날레
1784년 작곡 직후 이 곡을 들은 누군가는 '영광스럽고 웅장하다'라고 말했어요.

트랙 14: 드뷔시(1862-1918)의 〈목신의 오후에의 전주곡〉
이 곡은 화창한 오후에 꿈꾸는 목신(반은 사람, 반은 염소인 신화 속 동물)에 관한 시에서 영감을 받아 1894년에 작곡되었어요. 많은 사람들이 작곡 방식에 새로운 바람을 일으킬 혁신적인 작품이라고 평가했어요.

트랙 15: 라흐마니노프(1873-1943)의 교향곡 제2번 E단조 제3악장 〈아다지오〉
첫 번째 교향곡에서 혹평을 받은 라흐마니노프는 교향곡 제2번이 1908년 초연되어 대중의 호평을 받기 전까지 사람들의 반응에 대해 매우 걱정했다고 해요.

트랙 16: 베를리오즈(1803-1869)의 《환상》 교향곡 제3악장 〈전원의 풍경〉
1830년 작곡된 이 교향곡은 실연당한 가난한 예술가의 이야기를 담고 있어요. 베를리오즈의 말에 따르면 제3악장 초반에 나오는 양치기의 듀엣은 예술가에게 희망을 준다고 해요. 트랙 21번과 31번도 참조해 보세요.

트랙 17: 뒤카(1865-1935)의 〈마법사의 제자〉
어리석은 마법사 견습생이 겪는 혼란을 담은 곡으로 1897년에 작곡되었어요. 빗자루의 행진, 물줄기 그리고 마법이 일어나는 듯한 소리를 담아냈어요.

트랙 18: 코플런드(1900-1990)의 〈보통 사람을 위한 팡파르〉
제2차 세계대전 중 전쟁으로 아픔을 겪는 사람들의 사기를 북돋우기 위해 만들어졌어요.

트랙 19: 스트라빈스키(1882-1971)의 《불새》 모음곡 피날레
마법의 불새가 왕자를 도와 사악한 마법사 카스체이를 물리친다는 내용의 러시아 동화를 바탕으로 1910년 작곡된 발레곡이에요. 마법사가 사라지면서 모두가 기뻐하는 장면으로 동화는 끝나요.

트랙 20: 말러(1860-1911)의 교향곡 제5번 제1악장
1901년에서 1902년 사이에 작곡된 곡으로 미래의 아내 알마와 사랑에 빠진 말러의 감정을 표현한 강렬한 곡이에요.

트랙 21: 베를리오즈(1803-1869)의 《환상》 교향곡 제5악장 〈마녀들의 잔치〉
예술가가 자신의 장례식에 참석하는 악몽을 표현한 곡이에요. 베를리오즈는 '유령, 마법사, 괴물의 끔찍한 모임'을 그리며 작곡했다고 말했어요.

트랙 22: 브리튼(1913-1976)의 〈청소년을 위한 관현악 입문〉 제13변주곡
영국의 작곡가 헨리 퍼셀(1659-1695)의 오페라에서 사용된 주제곡을 변주해 오케스트라를 구성하는 각기 다른 악기군을 선보이는 곡이에요. 1946년 영국 정부가 제작하고 LSO가 출연한 영화 〈오케스트라의 악기들〉에 삽입된 곡이에요.

트랙 23: 쇼스타코비치(1906-1975)의 교향곡 제5번 D단조 제4악장
1937년 폭압적인 러시아 정부가 음악에는 반드시 축하와 승리의 요소가 포함되어야 한다고 발표했을 때 이 곡이 탄생했어요. 쇼스타코비치는 팀파니 소리로 아주 아주 행복하게 곡을 마무리했는데 사실 이는 정부의 억압을 풍자하려는 의도였어요.

트랙 24: 베르디(1813-1901)의 레퀴엠 제2번 〈진노의 날〉
베르디는 원래 오페라 작곡가로 잘 알려져 있어요. 그가 1874년 작곡한 레퀴엠(가톨릭 장례식에서 죽은 이의 안식을 기원하는 음악)은 웅장하고 극적인 효과가 담겨 있어요. 주로 대규모 합창단의 노래와 대형 심포니 오케스트라의 연주로 이루어져요.

트랙 25: 차이콥스키(1840-1893)의 《호두까기 인형》 모음곡 제4번 〈트레파크〉
널리 알려진 곡으로 흥겨운 러시아의 민속춤을 즐길 수 있어요.

트랙 26: 하차투리안(1903-1978)의 〈칼의 춤〉
1942년 작곡된 러시아 발레곡으로 빠른 템포의 격렬한 곡에 맞추어 무용수들은 칼을 들고 춤을 추어요.

트랙 27: 홀스트(1874- 1934)의 《행성》 제4악장 〈목성〉
1920년 LSO가 최초로 홀스트의 《행성》을 제7악장까지 모두 선보였어요. 그중 제4악장 〈목성〉은 로마 신화에 나오는 신들의 왕, 유피테르(제우스)의 이름을 딴 목성 행성을 찬양하는 곡이에요.

트랙 28: 차이콥스키(1840-1893)의 〈1812년 서곡〉
나폴레옹이 이끈 프랑스 군대는 1812년 러시아를 침공했지만 패배했어요. 1880년에 작곡된 이 곡은 러시아 군대의 대승을 축하하는 곡이에요.

트랙 29: 버르토크(1881-1945)의 피아노 협주곡 제3번 E장조 제1악장 〈알레그레토〉
버르토크가 사랑하는 아내에게 생일 선물로 주기 위해 작곡한 곡으로 그가 죽기 직전에 작곡했어요. 병중이었지만 곡만큼은 생명력으로 가득 차 있어요. 첫 번째 악장은 버르토크의 고향인 헝가리의 민속 음악으로 전개돼요.

트랙 30: 차이콥스키(1840-1893)의 《호두까기 인형》 모음곡 제3번 〈사탕 요정의 춤〉
발레리나가 음악에 맞추어 발끝으로만 서서 춤을 출 때 흐르던 경쾌한 그 음악이 바로 이 곡이랍니다.

트랙 31: 베를리오즈(1803-1869)의 《환상》 교향곡 제2악장 〈무도회〉
제2악장에서는 예술가가 무도회에 참여해요. 왠지 마법에 걸릴 것만 같은 아름다운 하프 연주가 왈츠로 이어지는데 이 당시 왈츠는 인기가 많았던 춤이에요.

트랙 32, 38: 라벨(1875-1937)의 〈볼레로〉
짧은 발췌곡은 트랙 32번에서, 전체 곡은 트랙 38번에서 들을 수 있어요.
러시아 발레리나 이다 루빈시테인을 위해 작곡한 곡으로 루빈시테인은 1928년 파리에서 열린 첫 공연에서 이 곡에 맞추어 춤을 선보였어요. 라벨은 마치 주문과도 같은 강렬한 멜로디를 표현하기 위해 무려 10분이 넘도록 반복되는 멜로디에 사용되는 악기의 종류와 음량에만 변화를 주었어요. 이렇게 음악 역사상 가장 긴 크레셴도가 탄생했어요.

트랙 33~37, 39~43: 베토벤(1770-1827)의 교향곡 제6번 F장조 《전원》
짧은 발췌곡은 트랙 33~37번에서, 전체 곡은 트랙 39~43번에서 들을 수 있어요.
베토벤은 오스트리아 빈 외곽의 시골에서 산책하는 것을 즐겼어요. 이 곡도 산책을 하다가 영감을 받아 작곡했고 '전원 교향곡' 또는 '전원 생활의 회상'이라고 불렸지요. 1808년에 강렬한 곡으로 많은 사람의 기억에 각인되어 있던 교향곡 제5번이 공연된 콘서트에서 《전원》을 처음 선보였어요. 《전원》은 자연에서 느끼는 즐거움에 관한 곡이에요. 베토벤은 이 곡을 두고 회화적 묘사보다는 감정을 풍부하게 표현한 곡이라고 설명했어요.

알아 두면 쓸데 있는 음악 용어

건반(키): 피아노와 같은 악기에서 소리를 내기 위해 누르는 부분

관악기: 입으로 불어 관 안의 공기를 진동시켜 소리를 내는 악기

교향시: 문학적 또는 회화적 주제를 음악으로 표현한 단일 악장으로 구성된 관현악곡

글리산도: 높이가 다른 두 음 사이를 빠르게 미끄러지듯 소리를 내는 방법

금관 악기: 쇠붙이로 만든 관악기

리드: 목관 악기의 입 부분에 붙여 소리를 내는 얇은 진동판

리듬: 음의 길이와 강약의 규칙적인 흐름

마우스피스: 악기에 공기를 불어넣기 위해 입을 갖다 대는 부분

멜로디: 음악에서 연속적으로 이어지는 음들로 이루어진 선율

목관 악기: 예전에는 나무로 만들던 악기로 플루트 · 클라리넷 · 오보에 · 바순 등으로 이루어진 관악기

바로크: 16세기 말부터 18세기 중엽에 걸쳐 유럽에서 유행한 음악 및 예술 양식

바이브레이션: 음의 높낮이를 빠르게 바꿔 떨림 효과를 주는 기법

밸브: 금관 악기에서 눌러서 음을 바꿀 수 있도록 하는 조절 장치

베이스라인: 낮은 음역대를 연주하는 파트

비브라토: 바이브레이션과 같은 말로 음의 높낮이를 빠르게 바꿔 풍성하고 감미로운 소리를 만드는 기법

솔로: 독창이나 독주 또는 관현악의 어떤 부분을 특정 연주자가 단독으로 연주하는 것

심포니(교향곡): 주로 네 악장으로 구성된 오케스트라를 위한 관현악곡

악보: 음악을 시각화한 것으로 곡을 연주할 수 있도록 음높이, 길이, 리듬 등을 오선지에 기호로 기록한 것

악장: 교향곡, 협주곡 등에서 하나의 악곡 전체를 구성하며 독립된 주제를 갖는 일부분

오디션: 면접의 일종으로 음악가가 자신의 연주 실력과 기법을 선보이는 공식적인 자리

작곡가: 곡을 창작하는 사람

지휘봉: 지휘자가 오케스트라를 지휘하기 위해 사용하는 가느다란 막대기

지휘자: 오케스트라나 합창단을 조화롭게 이끄는 사람

콘체르토(협주곡): 독주 악기와 오케스트라가 함께 연주하면서 독주 악기의 기교를 충분히 발휘하도록 작곡한 형식의 악곡

크레셴도: 음악 악보에서 '점점 더 세게' 연주하라는 뜻

키보드: 피아노와 같은 악기에서 건반이 배열된 부분

타악기: 손이나 도구로 치거나 흔들어서 소리를 내는 악기

톤: 일정한 높이의 음이나 음질

트릴: 두 음을 빠르게 번갈아 연주하는 기법

피치: 음의 높낮이

피치카토: 현을 손끝으로 튕겨서 연주하는 기법

현악기: 현을 진동시켜 소리를 내는 악기

화음: 두 개의 다른 음이 함께 연주될 때 어울리는 소리

활: 현악기의 줄에 문질러 진동하게 해서 소리를 내는 도구

글 메리 올드

음악, 예술, 과학 등 다양한 주제를 아우르는 어린이 논픽션 작가이자 편집자예요. 어릴 때부터 노래와 플루트를 배우는 등 음악에 관심이 많았고 오케스트라나 합창단과 같이 사람들과 함께 모여 음악을 만드는 것을 좋아해요. 어린이 논픽션 분야에서 공로를 인정받아 '더 잉글리시 어소시에이션(The English Association)'의 명예 회원으로도 활동하고 있어요.

그림 엘리사 파가넬리

이탈리아 모데나에서 태어나 예술학을 전공했어요. 이후 광고 분야에서 일을 하다가 현재는 영국에서 프리랜서 일러스트레이터이자 디자이너로 일하고 있어요. 사랑하는 반려동물과 함께 살며 열정적으로 그림을 그리고 있어요. 그린 책으로는 《코로나바이러스를 처음 발견한 준 알메이다》, 《세상에서 가장 맛있는 은행》, 〈어드벤처 온 트레인〉 시리즈 등이 있어요.

옮김 이주현

한국외국어대학교 통번역대학원에서 번역학 석사 학위를 받았어요. 현재는 번역에이전시 엔터스코리아에서 영어 전문 번역가로 활동 중이에요. 옮긴 책으로는 《반려견 행동교정사의 고민상담 대백과》, 《부는 어디에서 오는가》, 《덜 소유하고 더 사랑하라》, 《뇌 속 코끼리》 등이 있어요.

감수 권수미

맨해튼 음악대학에서 음악학 석사 및 박사, 컬럼비아대학 교육대학원에서 음악교육학 석사 및 박사 학위를 받았어요. 지금은 한국교원대학교 초등교육과 교수로서 음악 중심 융합 교육, 교사 연수 프로그램 개발 등을 연구하고 있어요. 한국음악교육학회의 우수등재 학술지인 《음악교육연구》의 편집위원장, 세계음악교육자협회(ISME)와 전미음악교사협회(MTNA)의 회원으로 활동하며 한국피아노학회, 전국여교수연합회 등의 이사도 맡고 있어요. 쓴 책으로는 그간의 연구를 기반으로 하는 어린이를 위한 피아노 교재 〈매직핑거 피아노〉 시리즈가 있어요.

런던 심포니 오케스트라를 소개합니다

런던 심포니 오케스트라(이하 LSO)는 1904년 런던 최초의 자치 오케스트라로 창단되었으며 1982년부터 바비칸 센터(Barbican Centre)의 상주 오케스트라로 활동하고 있어요. LSO는 전 세계에서 가장 많은 음반을 녹음한 오케스트라로 최고의 클래식 음반과 영화 사운드트랙에도 참여했어요. 또한 남녀노소 모두에게 음악의 아름다움을 소개하고 누구나 음악에 대해 배울 수 있도록 교육 프로그램인 LSO 디스커버리를 운영하고 있어요. LSO에 대한 더 자세한 정보는 www.lso.co.uk에서 확인할 수 있어요.

오케스트라가 궁금해

초판 1쇄 발행 2024년 11월 20일

글 메리 올드　그림 엘리사 파가넬리　집필 참여 사이먼 래틀　옮김 이주현　감수 권수미
펴낸이 김동호　펴낸곳 키위북스　편집장 김태연　편집 김도연, 박주원　꾸민곳 디자인 su:
주소 경기도 고양시 일산동구 중앙로 1079, 522호　전화 031)976-8235　팩스 0505)976-8234
전자우편 kiwibooks7@gmail.com　출판등록 2010년 2월 8일 제2010-000016호

ISBN 979-11-91748-89-5 73670

· 잘못된 책은 바꾸어 드립니다. · 책값은 뒤표지에 있습니다.